"La Jeune-République"

Camarades,

Nous vous remercions sincèrement d'être venus, cet après-midi, assister à cette grave réunion, malgré la chaleur de ce dimanche d'été, malgré les frivoles sollicitations du Grand-Prix, et nous avons l'intime conviction que nous pourrons ensemble faire bonne et utile besogne et préparer ce mouvement nouveau qui, nous l'espérons, sera bientôt sérieusement utile à notre pays.

Nous venons de fonder une Ligue nouvelle, la « Ligue de la Jeune-République »; et je voudrais, ce soir, vous exposer le plus clairement possible, non pas tant encore le programme de la Ligue nouvelle que vous avez eu sans doute tous entre les mains et que vous avez pu lire et méditer à loisir, mais les raisons pour lesquelles nous avons fondé cette Ligue et l'esprit dans lequel nous l'avons fondée.

Il nous apparaît comme certain que les divers partis qui existent en France à l'heure actuelle ne satisfont pas exactement un grand nombre de nos concitoyens ; il nous semble même évident qu'ils se désagrègent, qu'ils s'émiettent, qu'ils se brisent et que, de toute nécessité, des mouvements politiques, peut-être bientôt des partis politiques nouveaux prendront la place des anciens.

Je pourrais — mais cela est inutile, tant l'évidence de ce que je vais dire apparaîtra à chacun de vous — je pourrais vous indiquer que les anciens partis d'opposition sont depuis longtemps disparus, que ces formidables coalitions qu'étaient le boulangisme et le nationalisme n'ont guère survécu aux combinaisons de ceux qui les avaient créées et aux illusions de ceux qui, sincèrement, les avaient suivies. Je pourrais vous montrer également que l'ancien parti radical et radical-socialiste, le maître du jour, a été victime de l'opulence même de sa victoire et qu'aujourd'hui chaque question nouvelle qui se pose devant le pays, — que ce soit une question sociale ou que ce soit une question de représentation nationale et de réforme électorale, — voit cette majorité, qui apparaît bien maintenant comme éphémère, divisée contre elle-même. C'est en vain que l'on fait appel à l'union de tous les républicains officiels ; on ne peut pas arriver à faire de l'homogénéité avec ce quelque chose de varié, de divers, d'inconsistant qu'est le parti au pouvoir. Et le jour où il apparaîtra nettement que ce parti n'est pas sûr de conserver

longtemps le pouvoir et que ceux qui s'a-
grègent à lui ne sont plus sûrs de bénéfi-
cier de faveurs hypothétiques, vous verrez
la décadence, l'effondrement de ce vérita-
ble colosse aux pieds d'argile. (*Appl.*)

Nous croyons donc sincèrement qu'il y a
place en France pour un parti nouveau ;
nous croyons que, dans tous les milieux,
aussi bien dans les milieux de l'opposition
que dans les milieux radicaux, que dans
certains milieux socialistes indépendants,
on éprouve un besoin de rajeunissement ;
nous sommes convaincus que les aspirations qui sont nôtres sont partagées par
des hommes très différents de nous quant
à leur tempérament même.

Avant le « parti nouveau »

Et cependant, camarades, — je tiens à
l'affirmer afin qu'aucune équivoque ne
subsiste dans l'esprit de personne, — il
ne s'agit pas maintenant pour nous de
créer ce parti nouveau dont, aussi bien dans
notre journal que dans certains journaux
radicaux ou socialistes, on s'est depuis
longtemps entretenu ; car nous sommes
convaincu que pour créer un parti nouveau
qui mérite vraiment ce nom, qui ait quelque chance de pouvoir diriger les affaires
nationales de notre pays, il faut que l'ini-

tiative ne parte pas seulement d'un seul point de l'horizon, mais que ce soit vraiment une convergence d'efforts. Or, il est certain qu' actuellement, avant de songer même à créer un parti nouveau, il faut permettre aux différents mouvements, aux différentes initiatives capables de converger un jour dans le sens du parti nouveau, de s'affirmer, de se préciser, de se développer, de faire autour d'elles œuvre de rayonnement et de conquête.

Aussi bien, c'est simplement une Ligue que nous venons de fonder, une Ligue politique et économique, se proposant non pas simplement une action électorale, mais une action sociale dans le pays, ayant pour but non pas tant peut-être encore, dans la plupart des régions de France, de faire aboutir telle ou telle candidature que de créer des mouvements d'opinion, que de promouvoir des campagnes comme celles que certains de nos amis ont déjà commencé à entreprendre contre le sweating-system, en faveur du repos hebdomadaire et du travail de jour des ouvriers boulangers, que d'assainir en un mot les mœurs publiques de notre pays, que de faire œuvre de préparation. Car, — ne l'oublions pas, — la représentation nationale ne vaut que ce vaut le pays : nous n'aurons jamais une Chambre et un Sénat que tels que nous serons dignes de les avoir. Si nous voulons réformer la Chambre des Députés et le Sénat, il faut commencer par nous réformer nous-mêmes (*Applaudissements*)... non pas seulement dans notre vie privée et idividuelle, mais dans notre vie publique.

Combien d'hommes qui sont énergiques, courageux, désintéressés et dévoués dans leur vie privée, qui travaillent vraiment avec un inlassable dévouement dans le cadre de la famille ou même parfois dans le cadre de la profession, et qui sont d'une incurie, d'une mollesse, d'une lâcheté qui frise la désertion dans le cadre de la vie publique. (*Applaudissements*).

La Ligue ne réussit-elle qu'à lutter victorieusement contre de telles habitudes, nous pourrions bien dire qu'elle aurait rendu service à notre pays et à notre démocratie française. Le programme que nous vous avons proposé, je ne crains pas de le dire, est essentiellement un programme démocratique. Nous en élaborerons les détails dans les réunions d'étude, dans les meetings, dans les congrès que nous allons maintenant multiplier à Paris et en province ; car il importe que le programme précis de la Ligue ne soit pas décidé et comme décrété à l'avance et imposé ensuite aux ligueurs, mais qu'il soit bien vraiment le résultat d'une collaboration fraternelle. (*Appl.*)

Un programme démocratique

Mais les tendances de ce programme, de cette préface de programme, si je puis ainsi dire, que nous vous avons mis entre les mains, sont extrêmement nettes au point de vue politique comme au point de vue économique. Nous voulons développer la législation démocratique de ce pays.

Au point de vue politique, nous voulons, en particulier, la représentation proportionnelle, — et plût à Dieu qu'elle fût intégrale et que l'on ne fît pas exprès des fautes de calcul pour plaire à une majorité républicaine quelconque. (*Applaudissements.*)

Cette représentation proportionnelle est démocratique car elle permet, surtout si on adopte cet apparentement interdéparmental des listes du même parti qu'a proposé Jaurès à la Chambre, parce qu'elle permet à chaque électeur d'apporter le poids de sa volonté, de sa conscience civique sur la balance électorale, parce qu'on pourrait a non pas voter pour le candidat le moins éloigné de ses idées, mais pour celui qui représente exactement ses idées elles-même *Applaudissements*).

S'agit-il du referendum? Il nous semble

très démocratique parce que c'est chacun de nous qui, lorsqu'il s'agit d'une de ces vastes et hautes questions qui dominent le jeu de la politique quotidienne, serait appelé à dire ce qu'il croit utile ou nécessaire au bien public. Une loi comme celle, par exemple, qui limiterait les débits de boissons, qui lutterait contre l'alcoolisme envahissant, devrait être soumise à un referendum national et, je ne crains pas de le dire ici, non seulement les citoyens, les électeurs devraient voter, mais les femmes elles-mêmes qui sont bien intéressées dans la question, (*Vifs appl.*) ... qui sont bien intéressées, n'est-il pas vrai? à ce qu'on arrête au seuil de leur demeure ce monstre qui dévore non seulement leur bonheur d'épouse et de mère, mais la santé et l'honneur mêmes de leur famille. (*Applaudissements*)

S'agit-il du statut des fonctionnaires ? Là encore, nous entendons qu'il y a une réforme démocratique à accomplir et qu'il ne faut pas que le ministre soit ce satrape omnipotent, intermittent, (*Sourires*), mais dont la puissance n'est que d'autant plus effrayante qu'elle est plus irresponsable et qu'une fois le ministre par terre, on n'a guère le cœur de lui demander compte d'actes qu'il a commis. Nous voudrions donc que les fonctionnaires constituassent, non pas des corps omnipotents eux-mêmes et sans contrôle, mais des organismes vivants, trouvant en eux-mêmes la loi de leur organisation propre, et que le ministre traîtât avec eux, les controlât sans doute et les dirigeât, mais ne pût pas au gré de ses préférences électorales, déplacer, changer, écraser la foule des ilotes travaillant sous ses ordres. (*Applaudissements*)

De même, notre programme économique est essentiellement démocratique. Il prévoit la coexistence des trois formes de la propriété : la propriété privée, individuelle, la propriété commune et la propriété collective. Il est étrange que notre vieux Code n'ait pas été refondu de façon à ce que le mot même de « coopérative » y fût inscrit. Vous savez qu'actuellement, lorsqu'une coopérative est fondée, on est assez en peine pour savoir quelle est la loi qui la régit. Le Code ne prévoit pas cela ; il prévoit des associations de capitalistes ; il ne prévoit pas des associations de travailleurs ; il conçoit fort bien que des homems puissent mettre de l'argent en commun pour avoir de gros dividendes ; il ne prévoit pas que des prolétaires puissent mettre leurs forces musculaires et intellectuelles en commun pour essayer de s'élever à la direction même de l'entreprise à laquelle ils appartiennent (*Applaudissements*).

Il y a donc, camarades, une législation à compléter et à réformer. Mais, ne l'oubliez pas, la législation ne peut, le plus souvent—je devrais dire : toujours—que suivre la transformation des mœurs, et ce qu'il faut, c'est favoriser cet effort intelligent et dévoué des travailleurs voulant s'associer.

On a, dans divers partis, proposé des solutions intéressantes : les actions du travail, en particulier; la participation aux bénéfices qui peut quelquefois être un leurre, si elle est mal comprise et qui peut dans certains cas, au contraire, être comme le premier échelon d'une élévation économique du prolétariat. Toutes ces tentatives, toutes ces expériences sont passionnément intéressantes, mais — qu'on ne l'oublie pas ! — elles n'ont de valeur que si ceux qui s'y livrent travaillent avec des âmes renouvelées, rajeunies, régénérées, et que si enfin nous substituons au seul désir du gain et du lucre, le désir d'une vie plus fraternelle, plus haute, plus juste, plus consciente et plus noble. (*Appl.*)

L'indispensable vie morale

J'en arrive ainsi, camarades, à la partie la plus importante peut-être de notre programme. Car, s'il s'agit de lois de détail et de réformes précises, presque toujours les candidats, de quelque parti qu'ils soient, sont à peu près d'accord sur ces réformes.

S'agit-il, par exemple, de l'impôt sur le revenu, tout le monde dit : « Nous en voulons bien en principe, mais qu'il n'y ait ni inquisition, ni vexations ». Dans tous les partis, on dit cela ou peu s'en faut. S'il s'agit des coopératives, tout le monde dira : « Nous ne sommes pas ennemis des coopératives ; mais nous ne voulons pas qu'on écrase les petits commerçants ». Ce qui est sans doute plus intéressant, c'est de pénétrer au fond même du problème et de voir quelles sont les conditions nécessaires de toutes ces transformations sociales, de tout cet épanouissement de vie démocratique du pays.

Or, nous croyons, nous, — et je ne crains pas de le répéter ici, lors de cette première réunion de la « Ligue de la Jeune-République », alors que je l'ai déjà dit tant de fois et répété dans d'autres enceintes et devant d'autres auditoires, — nous croyons que la vie morale est indispensable, qu'il faut par conséquent lutter énergiquement et même en employant les armes que la législation peut mettre entre nos mains contre l'alcoolisme, contre la pornographie, contre les jeux de hasard ; mais nous croyons surtout que si on se limite à ce point de vue de morale utilitaire trop étroit, trop parcellaire, que si on veut simplement faire de la morale une sorte d'hygiène pratique comme dans certains manuels scolaires où la morale consiste pour les enfants à avoir les mains propres, à se faire vacciner et à coucher avec suffisamment d'air dans leur chambre, nous croyons qu'on n'arrivera à rien et qu'il faut que la République et que la Démocratie respectent les sources mêmes où la majorité de nos concitoyens puisent leur force morale.

Je demande, camarades, hautement que le parti nouveau, s'il se fonde un jour, et qu'en attendant ceux qui voudront bien travailler avec nous dans la Ligue, même s'ils ne partagent pas nos convictions religieuses et notre foi particulière, je demande hautement que tous réclament que les chrétiens, que les catholiques spécialement, puisque ce sont les plus nombreux dans notre pays de France, aient le droit de travailler la tête haute dans la maison commune de la République sans être humiliés ni molestés par personne. (*Applaudissem. prolongés*).

C'est là, camarades, le point brûlant du débat. Déjà, quelques journaux socialistes et autres se sont occupés de la Ligue avant même qu'elle ne fût fondée et ont essayé d'apprécier le programme que nous avions proposé à nos amis et fait circuler entre leurs mains, sans avoir encore déposé les statuts de la Ligue. Ce programme, je dois

vous le dire, personne n'en conteste la
bonté ; on dit même quelquefois qu'il
a cet inconvénient — qui à mon sens
est un avantage incontestable — d'ê-
tre composé de ce qu'il y a de meil-
leur dans les autres programmes. On
nous fait un grief de cela : je crois
que c'est plutôt une qualité de ras-
sembler en soi les traits épars de ce qu'il
y a de plus excellent ailleurs. Mais ce qu'on
nous reproche, c'est d'avoir fait une place
à cette affirmation catégorique, nette et
franche que nous entendons bien qu'un catholique, même le plus scrupuleux, même
le plus orthodoxe, puisse, sans aucune
crainte, sans aucune défiance, entrer de
plain-pied dans notre Ligue, de même que
nous voulons qu'on puisse entrer de plain-
pied plus tard dans la République française
(*Applaudissements*).

Et on nous dit : « Mais alors, c'est re-
nier l'œuvre de laïcité de ces dernières années ; mais alors, c'est s'insurger contre
les articles de l'orthodoxie du programme
des républicains officiels ». Evidemment,
camarades, si nous considérions cette
orthodoxie comme intangible, nous ne
fonderions pas une ligue nouvelle et
nous n'ouvririons pas les perspectives
de la fondation d'un parti nouveau.
Nous croyons justement qu'on ne peut

pas mettre à la base d'un parti républicain des idées, des dogmes —
il faut employer ce mot, car il y a, paraît-
il, des dogmes républicains — qui ne puissent être acceptés par les catholiques de
France. Cela, sans doute, rendra le travail
difficile ; il faudra essayer de s'entendre,
mettre de la bonne volonté de part et
d'autre ; mais, encore une fois, c'est à cette
condition que nous aurons dans le pays la
paix religieuse que tant d'hommes désirent
aujourd'hui.

Vous me direz : « Mais il y a bien de
l'intransigeance du côté des catholiques ».
Ah ! je le sais, camarades ; il y a beaucoup
de catholiques qui sont ravis de tout ce
qui peut élever un conflit entre le parti
républicain au pouvoir et la croyance religieuse ; il y a des catholiques qui cherchent
justement, dans ce conflit, une espérance de
résurrection pour leurs vieilles conceptions
antirépublicaines ; il y en a qui seraient
navrés si la paix religieuse pouvait enfin
se développer en France. Mais je crois que
ceux-là font en somme le jeu des francs-
maçons sectaires et intransigeants qui, de
leur côté, attisent de leur souffle impur
la flamme des discordes religieuses et ci-
viles.

Ce que nous voulons, nous, c'est que
l'on constate comme un fait la division au
point de vue religieux. Cette division est,

à notre point de vue, regrettable. Il nous paraît évident qu'il vaudrait mieux que tout le monde reconnût ce que nous croyons être la vérité religieuse, de même qu'il nous paraît fort logique que chacun cherche toujours à convaincre les autres de ce qu'il croit être la vérité. Mais puisqu'en fait il y a division au sujet de croyances, qu'est-ce que nous pouvons réclamer ? C'est que les croyants comme les incroyants, et les incroyants comme les croyants puissent travailler dans le cadre d'une république ouverte également aux uns comme aux autres. Cela, me semble-t-il, c'est le bon sens même.

Cela n'empêchera pas les propagandes religieuses ou irréligieuses; cela n'empêchera pas que chacun travaillera pour faire prévaloir ses conceptions philosophiques, morales ou confessionnelles, mais cela empêchera que, par une sorte de duperie coupable, on réunisse les citoyens sur le terrain de la République et que l'on se serve ensuite de ce lien politique pour leur imposr la haine de l'idéal catholique; de même que cela empêchera que l'on réunisse les catholiques sur le terrain religieux et qu'on se serve ensuite de ce lien religieux pour leur imposer ou essayer de leur imposer la haine de la République. (*Applaudissements.*)

Je crois, camarades, que nous aurons beaucoup à faire pour développer en France cet état d'esprit vraiment nouveau. Il n'en est pas de plus sain, de plus naturel, de plus légitime; il n'en est pas, hélas ! non plus de plus original. On a tellement faussé l'esprit de nos contemporains, on a tellement et depuis si longtemps mêlé et confondu des questions distinctes que lorsqu'on tient ce langage de la simple et naïve raison que je viens de tenir devant vous, on risque de passer pour un utopiste, pour un original, peut-être même pour un fou. (*Rires.*)

Eh bien, je vous demande d'avoir le courage de cette folie, qui n'est qu'un simple et grand bon sens; je vous demande de maintenir partout ce droit qu'ont les catholiques d'être traités sur le pied des autres et sur le terrain même de la République. On vous dira : « Ah oui! vous pouvez être catholiques c'est-à-dire que vous pouvez dans l'intimité même de votre conscience croire à certains dogmes. Mais alors il faut que vous affirmiez certaines choses, que vous prononciez certaines paroles qui vous mettront par le fait même en révolte contre la hiérarchie de l'Eglise et contre l'ensemble même du catholicisme dans le monde.»

Or, je dis que cela est une plaisanterie. Car ouvrir la République aux catholiques, mais à condition qu'ils se séparent de la discipline catholique, c'est en vérité leur fermer la porte. Et c'est ce que ne cessent de réclamer ceux qui disent : « Nous voulons bien des catholiques, mais à condition qu'ils ne le soient plus, mais à condition qu'ils rompent cette attache religieuse qui doit les réunir aux évêques et au pape et qui est comme la constitution même du catholicisme. » Demander aux républicains catholiques qu'ils soient républicains, c'est entendu, c'est nécessaire; mais leur demander qu'ils ne soient plus catholiques, c'est abusif et c'est contre cette prétention que non seulement les catholiques mais même tous les penseurs libres sincères ont le devoir de protester avec la dernière des énergies. (*Applaudissements.*)

La politique sans les politiciens

Enfin, camarades, la plus grande originalité de notre Ligue ce sera peut-être cette invraisemblable prétention qui est la nôtre, de faire de la politique sans adopter les mœurs de nos politiciens : la politique sans les politiciens, oui, et je vous assure que c'est la seule manière de faire de la bonne politique. Il n'y a peut-être pas en France, à l'heure actuelle, de mot qui soit plus décrié que celui de politique. Dans une famille, si un enfant intelligent, ardent, dévoué, courageux et « qui promet », comme on dit, confie à ses parents qu'il veut se faire officier, ingénieur, marin, avocat même, quoique un peu moins (*rires*), on lui dit : « Ah! cela est beau, cela est noble; travaille bien pour y arriver. Si tu veux être officier, il faut que tu sois courageux, énergique, que tu ne pleures pas quand tu tombes dans le jardin (*sourires*), ... que tu ne grognes pas, si jamais on te fait quitter le dîner pour apprendre tes leçons ou écrire tes devoirs avant le dessert; car un soldat, ça doit recevoir des coups sans se plaindre et ça doit quelquefois manger très mal quand ça fait la guerre ». S'il veut se faire ingénieur, on lui dit de bien calculer, d'avoir l'esprit juste et d'être très travailleur; s'il veut se faire marin, on lui dit de ne pas craindre les longues absences et de savoir trouver en lui-même les honnêtes distractions qu'il ne pourra plus trouver autour de lui; s'il veut se faire avocat, on lui dira encore d'aimer la veu-

ve et l'orphelin (*sourires*), et de parler —
là, on sera un peu moins précis — de parler pour défendre les justes causes. Mais
s' jamais ce malheureux petit garçon dit
à son père, dans l'oreille, timidement :
« Papa, je veux faire de la politique »
(*rires*), ah! qu'est-ce qu'on lui dira ? (*Rires*). Il dirait : « Je veux devenir ban-
dit comme Garnier, Vallet et Bonnot »,
qu'on ne lui répondrait pas avec plus d'ef-
froi, de mépris et de dédain. (*Applaudissements.*) C'est une vocation qu'on écra-
sera dans l'œuf, avec violence. Et, cependant, camarades, s'il est une vocation noble entre toutes, est-ce que ce ne doit pas
être celle qui nous pousse à nous occuper
non plus seulement de nos intérêts person-
nels, ni de ceux de notre famille, ni de
ceux de notre corporation, ni de ceux d'un
malheureux que nous voulons arracher à
l'échafaud, d'un innocent que nous voulons
empêcher d'être condamné, mais bien des
intérêts du pays tout entier, des intérêts
de la France, à user ses journées et à con-
sacrer ses veilles, non pas à s'enrichir, non
pas à acquérir de la gloire personnelle,
mais à faire qu'il y ait de bonnes finan-
ces, des économies dans le budget public,
à faire que la France soit plus riche, plus
prospère, plus glorieuse sans que peut-
être rien n'en retombe sur nous que l'in-

gratitude de ceux qui nous en voudront
d'avoir fait des économies sur le budget, car cela diminuera les appoin-
tements de quelques fonctionnaires inuti-
les, qui nous en voudront d'avoir imposé
un service militaire plus long qu'on
ne le voudrait, qui nous en voudront
d'avoir fait quelque chose qui n'est pas
utile à tel ou tel, mais qui est utile au pays
tout entier? Est-il une vocation plus noble?
Est-il un métier — si l'on peut encore employer ce mot de métier pour désigner une
telle tâche — plus glorieux et plus digne d'envie? (*Applaudissements.*)

Il faut, hélas! que l'on ait étrangement
déformé les choses, étrangement rabaissé
ce métier au niveau de ceux qui s'en oc-
cupent et qui le pratiquent, pour que ce
mot de politique soit si décrié, si dis-
crédité, si méprisé en France!

Eh bien, ce que nous voulons, nous,
ligueurs de la Jeune-République, c'est faire de la politique avec les mêmes scrupu-
les d'honnêteté que nous mettons à accomplir les actes de notre vie privée. Pas
deux morales, une seule morale! La même
honnêteté pour la vie publique que pour
la vie privée! Dans la vie privée, si vous
faites une promesse et si vous ne la tenez pas, vous passez pour un malhonnête
homme; dans la vie publique, si vous fai-

tes une promesse et si vous la tenez quand elle vous gêne, vous passez pour un imbécile. (*Rires et applaudissements.*)

Cela est incontestablement pitoyable et inadmissible. (*Applaudissements.*)

Eh bien, je voudrais que nous luttions avec la dernière énergie d'abord pour obtenir cette probité politique. Il n'y a pas de démocratie possible, il n'y a pas de république loyale et honnête sans cela. Remarquez que si on entrait dans le détail, on serait frappé de toutes ces entorses plus ou moins graves, plutôt plus graves que moins graves, données quotidiennement à la morale dans la vie politique. Je causais l'autre jour avec un député très travailleur, le député de Nancy, Marin, qui va faire ces jours-ci un rapport dans lequel il montrera la dilapidation des deniers publics. Il paraît que c'est effrayant, du petit au grand. Il paraît, par exemple, que l'on compte des milliers et des milliers de francs, 14.000 francs paraît-il, en chapeaux, chaque année, pour le Président dela République, lorsqu'il reçoit les princes et les rois étrangers. (*Rires.*) Il est difficile que cela lui coûte 14.000 fr., n'est-il pas vrai ? rien que pour ses chapeaux. (*Nouveaux rires.*) Il paraît que si on entre dans les détails, il est extraordinaire de voir la façon dont on fait ca-

drer les comptes et les milliers et les mil-
lions de francs qui, chaque année, s'en-
gouffrent ainsi en pure perte et qui sont
pris dans la poche de chacun des contri-
buables. S'agit-il d'élections ? S'agit-il de
la vie parlementaire en général? Vous
n'avez qu'à suivre les débats politiques et
qu'à voir cette défense de l'arrondissement
à la Chambre des Députés pour vous rendre compte de ce que je peux appeler
l'improbité parlementaire.

Il faut absolument que l'on ait le courage de faire de la politique avec d'autres
mœurs, au risque pour cela de se laisser
traiter de naïf et d'imbécile. (*Sourires.*) Il
faut que l'on dise : « Les Jeunes-Républicains ? Ils ont une candeur telle qu'ils
ne réussiront jamais. Les Jeunes-Républicains ? Ils font de la politique comme on
ne peut pas en faire pour réussir. » Je
suis convaincu quant à moi que, sinon demain, mais bientôt sans doute, la France
nous donnera raison, qu'il y aura un sur-
saut de probité nationale le jour où on
montrera d'un côté la politique déshon-
nête et avilie dont nous souffrons, et de
l'autre côté ce germe de politique réno-
vée, rajeunie, intégralement, virilement,
héroïquement honnête que nous voulons
essayer de proposer au pays français. (*Vifs
applaudissements.*)

Et maintenant, camarades, qu'allons-nous faire ? Pour la première fois, nous ne nous contentons plus de jeter, du haut de tribunes publiques, devant des milliers d'auditeurs, le cri de notre cœur et de demander qu'on réfléchisse aux problèmes angoissants qui torturent la conscience contemporaine et de proposer les solutions qui nous paraissent justes et opportunes. Pour la première fois, nous venons à vous avec les cadres d'une association légale, déclarée; pour la première fois, nous venons à vous en réclamant votre adhésion, votre signature au bas de notre programme, votre cotisation annuelle bien minime — l'assemblée constitutive d'hier a déclaré qu'elle serait de deux francs par an : ce n'est vraiment pas extraordinaire, deux francs par an, n'est-il pas vrai ?—Pour la première fois, nous vous demandons un acte d'adhésion. Ah! je sens bien qu'il est plus facile d'applaudir dans un meeting que de donner son nom, parce que quand les honnêtes gens ont donné leur nom, ils veulent faire honneur à leur signature, ils veulent travailler pour les idées qu'ils ont dit partager.

Ce que nous allons faire maintenant, c'est, à travers toute la France, de prêcher cette croisade de rénovation politique. Nous sommes convaincu qu'ils sont des milliers en France les citoyens qui pensent comme nous, qui veulent comme nous et nous leur demandons simplement de se faire connaître et de marcher avec nous. Nous organiserons ensuite, dans les différentes provinces, dans les différentes villes, dans les différents arrondissements de Paris, des sections où l'on s'efforcera d'étudier le plus sérieusement possible les problèmes à l'ordre du jour, par exemple l'impôt sur le revenu, par exemple l'organisation de l'armée coloniale, par exemple les questions qui ont rapport à l'enseignement, la représentation proportionnelle scolaire, etc. Dans des congrès nationaux, nous réunirons tous ces vœux et nous essaierons d'élaborer un programme très précis, très pratique, très immédiatement applicable. Puis, dans des meetings contradictoires, nous proposerons nos idées à la discussion des adversaires, discussion toujours loyale où nous essaierons non pas d'imposer par la force nos convictions personnelles, mais de les imposer par la clarté et par la lumineuse exposition que nous en ferons.

Concours nécessaires

Voilà notre but. Je vous demande, camarades, de considérer cette réunion, bien
plutôt que comme l'occasion d'un simple
développement oratoire, comme le point de
départ d'une action virile et résolue. J'espère qu'à la sortie, beaucoup des citoyens
ici présents et qui n'ont pas encore adhé-
ré voudront bien nous donner leur nom.
Ils peuvent, s'ils sont fonctionnaires ou si
pour quelque autre raison ils ne désirent
pas que ces noms soient publiés, l'indiquer en même temps d'une croix à côté de
leur nom ou à côté de leur profession et
nous nous considèrerons comme engagés à
ne pas publier ce nom ou cette profession,
ou même l'un et l'autre s'ils ne veulent pas
qu'on publie l'un et l'autre.

Nous vous demandons de faire ensuite
une active propagande pour le recrute-
ment de la Ligue. Il y a quelques jours à
peine, huit jours, nous avons, par un ar-
ticle du journal *La Démocratie*, lancé l'i-
dée de la Ligue et il est très consolant
pour nous de constater qu'en huit jours
nous avons recueilli plus de deux mille si-
gnatures, plus de deux mille adhésions à
la Ligue. Que sera-ce quand nous aurons
organisé dans toute la France cette vio-

lente, cette véhémente, cette énergique campagne de conférences que nous proje tons ?

Je demande aussi à ceux qui, n'étant pas citoyens, qui, n'étant pas électeurs, ne peuvent pas adhérer à la Ligue, aux femmes, aux jeunes gens encore mineurs de ne pas cependant se désintéresser de son effort en prenant part à toutes les campagnes économiques et sociales qu'entreprendra la Ligue, en assistant aux meetings et aux réunions publiques et en lisant le journal *La Démocratie* qui reflète les idées de la Ligue et qui essaie de les répandre dans le pays.

Je sens bien, mes chers camarades, ce que notre entreprise a de hardi; je sens bien que c'est tout un monde que nous voulons soulever; mais j'ai quant à moi la conviction que nous y réussirons car l'heure est propice entre toutes et vraiment la majorité de nos concitoyens ne trouve pas satisfaction dans la politique actuelle du pays. La République, en vérité, presque personne ne songe sérieusement à la détruire, mais combien rares sont ceux qui se sentent attachés à elle par une affection profonde, par une affection sensible et émue !

Or, ce que nous voulons, c'est que la République puisse être aimée, c'est que la

République devienne comme l'expression vivante et organique de l'âme de la France. Jusqu'à ce jour, il faut bien le reconnaître, depuis plus de quarante ans, la République cherche son âme sans l'avoir trouvée. Nous qui appartenons à cette génération née après la guerre et toute courbée dès son berceau sous le poids des déceptions, sous le poids de la lourde tâche de réparation et de réhabilitation nationale, nous croyons que nous avons en nous — et je m'adresse à tous ceux qui, comme moi, sont nés après la guerre — plus que des regrets, je veux dire la force intérieure de travailler pour que la France républicaine devienne digne de l'affection de tous les Français. (*Applaudissements.*)

Pour cela, il faut que nous ayons le courage de proposer au pays une République qui n'ait pas rompu avec les traditions nationales et qui n'ait pas abdiqué les espérances de l'avenir. Pour nous, une nation c'est comme une chaîne ininterrompue qui s'enracine profondément dans le passé mais qui projette des anneaux indéfinis et toujours nouveaux vers l'avenir. Et nous n'entendons pas que la chaîne soit brisée, ni en avant, ni en arrière. (*Vifs applaudissements.*) Nous ne voulons renoncer ni à la tradition nationale, ni à nos aspirations démocratiques; nous voyons avec regret que les républicains révolutionnaires ou socialistes font bon marché du passé de la France, renient une partie de la France, brisent la chaîne en arrière, tandis que les conservateurs timides et apeurés brisent la chaîne en avant et renient l'avenir. (*Applaudissements.*)

Ni le passé renié, ni l'avenir renié, voilà notre programme. Nous voulons la plus grande France, entendez-le bien, non seulement géographiquement, mais la plus grande France historiquement, dans le temps, mais la plus grande France avec tout son passé et avec tout son avenir. (*Applaudissements prolongés.*)

Vous pouvez maintenant, camarades, vous rendre compte de l'esprit dans lequel nous fondons la « Ligue de la Jeune-République ». Oui, nous commençons quelque chose de nouveau, nous le voyons bien aux difficultés mêmes que nous pouvons rencontrer à mettre sur pied cette association qui n'est pas quelque chose de fabriqué depuis longtemps mais qui est encore au berceau. Oui, camarades, nous avons confiance en la « Ligue de la Jeune-République » et nous vous demandons instamment de nous aider à la fonder. Plus d'équivoques maintenant; nous ne sommes recouverts par l'ombre d'aucune confusion possible. C'est un travail politique,

économique que, dans notre liberté de citoyens français, nous voulons entreprendre ensemble. Que l'on ne vienne donc pas
nous dire qu'il s'agit de restaurer ou de
reconstituer quelque ancienne association
pseudo-religieuse. Par une abdication, par
un silence de deux ans, nous avons bien
montré que nous voulions repartir sur un
terrain tout neuf et désembroussaillé de
toute équivoque. (*Applaudissements.*)

Sans doute, plusieurs essaieront de jeter des équivoques nouvelles en avant de
notre mouvement pour arrêter sa marche;
sans doute, plusieurs voudront encore jeter leurs mauvaises suspicions sur notre
initiative et faire pleuvoir leur dépit
(*L'assemblée rit, car la pluie tombe à tor-
rents*) ... sur nos assemblées pacifiques et
loyales. (*Rires et applaudissements.*) Mais
ils n'y parviendront pas et cette pluie nous
laissera tout à fait indifférents. (*Rires et
applaudissements.*)

Ce que je vous demande seulement, camarades, c'est de ne pas perdre de temps.
L'occasion est bonne ; il la faut saisir. Le
temps est précieux et peut-être bientôt
se constituera-t-il en France quelque
mouvement nouveau d'oppression prove-
nant du radicalisme aux abois, cherchant
dans je ne sais quel césarisme la possi-

bilité de maintenir ses privilèges. (*Applau-
aissements.*)

Vous savez qu'on parle beaucoup au
jourd'hui de bonapartisme et qu'on oppo-
se au mouvement superficiel et factice des
néo-monarchistes un mouvement qui, paraît-il, serait étrangement plus dange-
reux de bonapartisme radical et anticléri-
cal au besoin. Eh bien! je vous demande
d'empêcher que la France ne se ressai-
sisse de mauvaise façon du côté de l'oppression et de la tyrannie. Et pour cela,
développez loyalement, énergiquement votre liberté sur le terrain de la République
démocratique, pratique et idéaliste à la
fois. (*Vifs applaudissements.*)

Pour réussir, il faut de la jeunesse, de
l'entrain, du courage; il faut renoncer aux
vieilles traditions désuètes de la politique
mauvaise qu'il ne faut pas confondre avec
la grande et noble tradition politicienne :
c'est comme la lèpre sur le corps, c'est
comme la ronce dans le champ, ce n'en
est pas la frondaison, ce n'en sont pas les
fruits vraiment féconds. Il faut, camarades, commencer tout de suite, avec tout
votre courage, et quelques difficultés que
vous rencontriez, rester fidèles à vous-
mêmes, à vos convictions, à votre idéal.

Voilà pourquoi je veux saluer ce soir
dans cette première réunion l'avenir de la

Jeune-République et j'espère que si la vieille République n'est pas parvenue à pacifier la France et à se faire aimer de tous nos concitoyens, la Jeune-République saura le faire. J'ai confiance en elle, parce que j'ai confiance en vous. (*applaudissements prolongés.*)

RÉPONSES

AUX

CONTRADICTEURS

Réponse à un anarchiste

M. Stelys, anarchiste, reproche à Marc Sangnier de n'avoir pas défendu Hervé et de ne pas attaquer le monstre qu'est le capital. Marc Sangnier lui répond :

MARC SANGNIER. — Je n'ai pas la prétention de répondre à la partie littéraire et humoristique de la contradiction (*rires et applaudissements*) que vous venez d'entendre; je voudrais seulement serrer de près les deux idées que j'ai cru pouvoir me permettre de démêler (*rires*) dans la péroraison de ce discours.

Le contadicteur vous a dit, se résumant,
que notre tentative lui semblait aussi noble qu'inféconde parce que nous ne nous
en prenions pas directement au capital. Il
vous a dit que, selon lui, tout effort moral, toute réforme politique et économique, sont sans efficacité tant qu'on n'a pas
supprimé le capital.

Personne plus que nous, camarades, je
vous l'assure, n'est frappé des abus du
capitalisme contemporain. (*Applaudissements.*) Personne plus que nous n'est cho-
qué de ces fortunes qui sont le produit
du hasard ou du jeu, car la plupart des
opérations de Bourse ne sont que du jeu
déguisé. (*Applaudissements.*) Personne plus
que nous ne souffre du luxe croissant, envahissant et injurieux pour la pauvreté ou
pour la médiocrité de la plupart de nos
contemporains. Mais ce que je voudrais
vous faire remarquer ici, c'est que, que'-
que organisation sociale que vous choisis-
siez, si communiste ou si collectiviste que
vous puissiez la rêver, si syndicaliste même, vous n'arriverez jamais à détruire
l oppression du faible par le fort — et le
capitalisme n'en est qu'une des formes les
plus usuelles à l'heure actuelle — si vous
ne détruisez ou si vous ne tempérez, tout
au moins, dans l'âme du fort cet égoïsme

brutal qui le pousse à écraser le faible.
(*Applaudissements.*)

Lisons l'histoire, nous y verrons le récit de beaucoup de révolutions; regardons ce qui s'est passé en France en 89, ce qui s'est passé dans les périodes troublées de l'histoire des autres nations, toujours nous verrons qu'en dehors d'un sentiment moral et, — je ne crains pas de le dire, me plaçant ici au seul point de vue historique — d'un sentiment religieux, l'oppression a suivi comme nécessairement les révolutions et les révoltes des plus faibles.

Pourquoi cela ? Mais parce que — je répète ce que j'ai déjà dit mille fois — la philosophie positiviste, matérialiste et athée de la Confédération Générale du Travail, des meneurs de la Confédération — car nous avons beaucoup d'amis dans la C. G. T. qui ne pensent pas comme ces meneurs — les pousse à dire : « Nous allons lutter et travailler pour satisfaire nos besoins, nos désirs, nos aspirations, nous allons lutter et travailler pour jouir.» Or, il y en a, plus logiques que les autres, qui ne veulent pas attendre les siècles futurs pour jouir; ils pensent bien qu'ils sont mortels et n'ont pas grande confiance dans l'immortalité d'une âme à laquelle ils ne croient plus. Ils veulent jouir tout de suite, et ils considèrent qu'il est plus rapide d'arrêter une automobile ou de cambrioler une banque que de faire des meetings ou des grèves. Voilà comment nous avons pu voir — et il est intéressant de constater que les organes du syndicalisme révolutionnaire n'ont pas osé les désavouer tout à fait — une école libertaire, d'anarchistes pratiques et expéditifs venant illustrer par leurs exploits criminels et odieux les théories philosophiques de certains meneurs de la C. G. T. (*Vifs applaudissements.*)

Supposez que demain, camarade contradicteur, tous les capitalistes soient supprimés et que le capital n'existe plus. Après demain, il y aura des hommes forts, énergiques et vigoureux, ou simplement plus canailles que les autres (*rires; très bien!*) et moins scrupuleux que les autres qui voudront prendre de ce patrimoine commun pour jouir eux-mêmes. Alors, dites-vous, il y aura une indignation générale, et des hommes de s'écrier : « Nous nous sacrifierons, s'il le faut, mais nous empêcherons qu'on accapare le patrimoine commun. » Alors, ceux qui seront énergiques et intrigants diront : « Pas tant d'ardeur, venez plutôt avec moi, nous partagerons le butin. » (*Rires.*)

Au nom de quel principe utilitaire, au nom de quelle philosophie positiviste ?

matérialiste refuseront-ils ? Au nom d'au
cune. Ils ne refuseront que s'ils ont en
core au cœur — même sans le savoir — un
reste de philosophie idéaliste, un reste de
conscience, c'est-à-dire s'ils rendent en
core hommage au Dieu inconnu et mé
prisé, toujours vivant, de quelque façon
dans leur cœur. (*Vifs applaudissements
prolongés.*)

Passons à la question de fait mainte
nant: «Nous sommes timides pour protes
ter contre les injustices.» Cela, camarade
contradicteur, c'est une méprise de votre
part.

Vous savez bien, au contraire — et il
faut que je répète ce que j'ai déjà dit —
vous savez bien que nous n'avons jamais
refusé de protester lorsqu'une cause nous
a semblé juste. Qu'il s'agisse d'un anar
chiste, d'un socialiste, d'un juif en Russie
nous avons toujours accepté de prendre
part à toutes les réunions, à tous les mee
tings, à toutes les protestations sans crain
dre de nous rencontrer sur un même ter
rain, sur une même tribune avec des hom
mes ne partageant pas nos convictions re
ligieuses ou nos idées politiques.

Nous n'avons pas toujours rencontré la
même liberté d'esprit chez nos adversai
res et, dans bien des cas, syndicalistes, so
cialistes ou francs-maçons ont tenu à ne

pas se mêler à des protestations dont nous aurions pu avoir pris l'initiative. C'est ainsi qu'il y a quelques années, après avoir protesté avec les libres-penseurs contre les massacres des juifs en Russie, nous voulions rappeler ces mêmes libres-penseurs pour protester avec nous contre les vexations cruelles dont étaient victimes les petits Polonais catholiques, et ils ont refusé. Quels sont les plus libéraux, quels sont ceux qui ont le plus le courage de protester contre toute injustice, d'eux ou de nous? Vous n'avez qu'à apprécier. (*Vifs applaudissements.*)

Je crois, en vérité, qu'un des avantages de la politique nouvelle que nous préconisons, ce sera de ne pas se demander si telle manifestation est opportune ou non vis-à-vis de telle ou telle combinaison d'une petite politique mesquine et égoïste, mais simplement si telle cause est juste, si telle idée est vraie; et nous sommes résolus à soutenir toutes les idées justes, toutes les causes véritablement nobles. (*Vifs applaudissements.*)

Réponse à un plébiscitaire

Le docteur Molinier, « républicain plébiscitaire
et démocrate », vient demander justice pour la
« Patrie Française » et réclame le droit de mettre
dans l'urne, avec le nom de Paul Déroulède, celui
de Victor-Napoléon.

MARC SANGNIER. —- Je ne crois pas, camarades, ainsi que l'on m'en accusait tout
à l'heure, avoir confondu les mouvements
d'opposition — parti conservateur, boulangisme, nationalisme et Patrie Française — avec le combisme et les mouvements
républicains officiels. J'ai seulement dit
que, aussi bien dans les milieux de gau-
che que dans les milieux de l'opposition,
il me semblait que l'on avait fait une politique qui ne pouvait plus satisfaire aujourd'hui l'opinion Et puisque le camarade bonapartiste...

M. MOLINIER. — Républicain plébiscitaire.

MARC SANGNIER. — ... républicain plé-

biscitaire m'y invite, je vous dirai ce que
je pense d'un groupement tel que la *Patrie Française*. Je crois que ceci pourra
être intéressant pour le contradicteur lui-
même puisqu'il a bien voulu me poser
courtoisement une question à ce sujet.

Il est évident que lorsque la *Patrie
Française* naquit elle correspondait mer-
veilleusement aux besoins de l'âme populaire française. Je me souvien d'une cer-
taine affiche rédigée, paraît-il, naguère,
par Jules Lemaître. Que les temps sont
changés ! (*Rires et applaudissements.*)

Une voix. — Il a mal tourné. (*Rires.*)

Marc Sangnier. — Entre les deux tours
de scrutin, lors des premières élections
dont s'occupa la *Patrie française*, les élections municipales de 1900, si vous vous en
souvenez, qui furent triomphales et qui
enlevèrent Paris au bloc maçonnique —
et je tiens à saluer ici l'œuvre durable, à
cet égard, de la *Patrie Française*, car, depuis ce jour-là, Paris n'est jamais retom-
bé aux mains des francs-maçons (*applaudissements*) — entre les deux tours de
scrutin, Jules Lemaître avait rédigé une
affiche qui avait une admirable tenue littéraire et un souffle patriotique non moins
admirable, — quelque chose comme les
manifestes de la Révolution française de
89 ou de 92 s'ils avaient été rédigés par

des académiciens. Cela s'appelait « Le
Triomphe de la République ». Je vois encore l'impression que produisaient sur mes
yeux d'enfant ces grosses lettres magiques
et l'allure vraiment républicaine et démocratique qu'avait, à cette époque, la *Patrie Française*.

Mais — et nous entrons ici dans le vif
de la question — la *Patrie Française* n'a-
vait pas cru devoir adopter cette morale
politique intransigeante et scrupuleuse
dont je vous parlais tout à l'heure. Elle
avait cru, au contraire, plus habile de
mêler les honnêtes gens à ceux qui l'é-
taient moins, et, pour faire nombre, pour
avoir entre les mains des instruments capables d'accomplir des besognes que ceux
qui tenaient à avoir les mains propres en-
tendaient ne jamais faire, elle admettait
dans son sein des hommes douteux et lou-
ches.

D'autre part, pour n'exclure personne
elle était, à la fois, républicaine d'étiquet-
te et accueillante à ceux qui aimaient le
moins la République. Et cependant elle
était par ailleurs étrangement timide ! Il
y avait, dans la *Patrie Française*, des catholiques comme François Coppée, qui a
toujours tenu à dire hautement qu'il l'é-
tait (*applaudissements*) et qui se vit chassé et exclu de la *Patrie Française* parce

qu'il incommodait les petites combinaisons misérables de certains (*Vifs applaudissements.*)

Camarades, il y a quelques mois, j'assistais à l'inauguration de cet humble monument de François Coppée, que l'on a tenu, par une attention délicate, à n'élever que sur un socle très bas de façon à ce que le doux poète puisse continuer à fumer sa cigarette coutumière au milieu des gens du peuple venus s'asseoir autour du socle et causant presque avec la mémoire radieuse du bon poète. (*Vifs applaudissements.*) Lorsque j'assistais à cette inauguration et que je les voyais tous, les débris de la *Patrie Française*, venir rendre un hommage posthume à celui qu'ils avaient chassé comme un mauvais serviteur, parce qu'il ne voulait pas cacher sa foi, ah ! je me disais : « Trop tard ! la *Patrie française* a reçu le châtiment de son manque de courage et de loyauté. Elle est tombée, et peut-être même aux yeux de beaucoup d'hommes du peuple, dans le mépris, alors que Coppée est resté dans le rayonnement d'une gloire douce et familière ! (*Salves d'applaudissements enthousiastes et prolongés*).

Non, il ne faut pas faire de ces coalitions équivoques. Que voulez-vous, vraiment, camarades, que pensent les ouvriers honnêtes, pas très instruits, pas très politiciens, que les francs-maçons dégoûtaient, qui croyaient à une République honnête, loyale, et qui, voyant cette *Patrie française* agiter bien haut le drapeau tricolore et rayonner à travers toute la France, se disaient : « Marchons loyalement derrière ces hommes-là; nous pouvons avoir confiance, ils nous mèneront au salut, à la victoire »; que voulez-vous qu'ils pensent lorsqu'ils voient ce « nationalisme intégral » se transformer petit à petit, en se rétrécissant, que voulez-vous qu'ils pensent lorsqu'ils voient un des nationalistes de la première heure, Vaugeois, et, plus récemment, Jules Lemaître, affirmer publiquement que le nationalisme n'était qu'un germe et que le germe, en se développant, devait faire pousser l'arbre de la monarchie. (*Vifs applaudissements.*)

Ah ! camarades, on ne trompe pas ainsi impunément les masses populaires, et je vous assure qu'il y a tellement de rancœurs contre ces avatars du boulangisme, de la *Patrie Française* et de toutes ces grandes coalitions, que nous rencontrons, nous, naïfs jusqu'à la bêtise, nous, scrupuleux jusqu'à une candeur que les politiciens trouvent grotesque, nous rencontrons des difficultés lorsque nous appotons le programme de notre Ligue, car certains nous disent : « Est-ce que, vous aussi, vous voulez encore vous moquer de nous ? » (*Applaudissements.*)

Eh bien! camarades, on verra bien que nous ne voulons nous moquer de personne et que nous ne faisons pas de ces somptueuses coalitions qui abritent des cadavres sous leur manteau brillant et resplendissant. (*Applaudissements.*) Nous voulons, ne serions-nous que dix pour commencer — et nous sommes déjà plus de deux mille — nous voulons que l'on sache exactement qui nous sommes, nous voulons que personne ne vienne à nous grâce à une équivoque, nous voulons qu'on vienne à nous parce qu'on pense comme nous, parce qu'on veut travailler avec nous. (*Vifs applaudissements.*)

A ces seules conditions, notre Ligue sera utile. Cela ne veut pas dire que, pour faire aboutir une loi juste ou pour mener à bien une campagne intéressant le pays, nous ne nous unirons pas à toutes les autres Ligues, à tous les autres partis; c'est entendu, car, avant la Ligue, avant les partis, il y a, pour nous, l'intérêt de la République et, avant la République, il y a l'intérêt de la France. (*Applaudissements.*) Mais nous voulons briser toute équivoque, et je crois qu'à cette

seule condition nous ferons quelque chose
d'utile. Je suis convaincu, quant à moi, que
si on avait, depuis longtemps, essayé, après
la guerre, de faire un parti républicain,
nettement, loyalement, vraiment républicain — vous savez que, dans l'Assemb'ée
Nationale il y avait une foule d'hommes
qui voulaient maintenir la République
quelque temps encore pour préparer plus
commodément le retour du roi; vous savez
aussi que, depuis 1871, l'opposition se sert
constamment de la République comme de
préface à je ne sais quelle monarchie ou
bonapartisme — si on avait fait un parti
républicain, loyalement respectueux des
droits des catholiques français, résolu à ne
pas les traiter comme des parias, à leur
donner ce droit commun qu'il est bien légitime qu'on leur accorde, puisque, enfin
la France est encore un pays composé de
catholiques, c'est-à-dire que ceux qui ont
des convictions religieuses — hélas! beaucoup n'en ont plus du tout — soit
en grande majorité catholiques et il
est donc juste qu'on leur accorde le
droit commun, si on avait fait cela,
nous aurions non seulement une répnu-
blique qui ne serait pas hostile à l'idée religieuse et dans laquelle les catholiques
pourraient travailler librement, mais
nous aurions une République qui aurait

fait des réformes démocratiques plus hardies, beaucoup plus utiles au prolétariat que les réformes timides que les radicaux sont venus apporter au pays. Le prolétariat lui-même aurait eu à gagner à la constitution de ce parti.

On ne l'a pas fait, mais il est encore temps d'essayer de le faire. Il faut, pour cela, de la loyauté et de la persévérance. Regardez les partis persévérants, voyez à quoi ils arrivent. Regardez les socialistes en France et à l'étranger — ils n'étaient rien il y a quelques années — voyez la force magnifique qu'ils représentent, surtout en Allemagne. Pourquoi? Parce qu'ils ont organisé des comités, parce qu'ils se sont présentés aux élections pour affirmer leurs idées, même lorsqu'ils ne devaient avoir que deux. trois ou quatre cents voix. S'ils sont arrivés à ce résultat, s'ils ont augmenté chaque année le nombre de leurs adhérents, c'est parce qu'ils ont travaillé. et c'est ce que je vous demande de faire.

. . . .

Je crois, camarades, qu'il n'en sera pas de même de la Ligue, parce que nous voulons ne pas retomber dans les erreurs et les fautes de nos devanciers, parce que nous voulons que notre Ligue — qui commence beaucoup plus humblement que la

Patrie Française qui n'est pas une coali-
tion, qui est un germe vivant — parce
que nous voulons qu'elle se développe or-
ganiquement. Cela, camarades, dépend de
vous, et c'est parce que j'ai confiance en
vous que j'ai confiance dans l'avenir de la
Ligue de la Jeune-République. (*Vifs applaudissements.*)

La politique religieuse
de la République

M. Paturot-Moser, secrétaire général de la « Fédération des Comités jeunes-républicains », place le débat sur le point précis de la politique religieuse. Il se déclare areligieux et partisan de la liberté pour tous dans la République. Mais il redoute l'omnipotence de l'Eglise dans l'Etat.

MARC SANGNIER. — ...On nous dit ce que disait M. Poincaré à M. Charles Benoist : « Nous sommes séparés par toute l'étendue de la question religieuse ». On dit : « Nous voulons, nous, que la République soit ouverte à tous, nous voulons que les catholiques ne soient gênés en aucune façon dans la pratique de leur religion, nous voulons que leur orthodoxie ne soit troublée en rien ». Mais l'on ajoute : « Vous voyez bien que nous voulons autre chose que vous », après avoir cependant répété exactement ce que nous disons. Je ne comprends pas.

Si vous avez écouté — et je suis sûr que vous avez écouté — l'exposé de cette question dans mon discours, vous avez dû remarquer que je ne disais nullement que je voulais la prépondérance de l'Eglise catholique dans l'Etat, puisque j'ai dit exactement le contraire.

M. Paturot-Moser. — Elle risquerait d'exister.

Marc Sangnier. — En procédant ainsi, vous ressemblez à un sergent que j'avais lorsque j'étais simple soldat et qui, une fois, m'a donné quatre jours de consigne avec ce motif : « Se promenait dans la cour, et j'ai vu qu'il avait l'intention de traverser la grille et de s'en aller ». (Rires) C'est un peu la même chose avec vous. Nous fondons une ligue, nous affirmons notre programme, et vous nous objectez que nous risquons de faire autre chose que ce que nous disons. Je pourrais dire, moi : « Vous voulez la liberté pour l'Eglise, mais vous risquez de l'opprimer ». (Applaudissements.)

Il faudrait arriver cependant à parler clair. Je ne demande en aucune façon à me fondre avec les camarades de cette Fédération des comités Jeunes Républicains; j'ai dit tout à l'heure que je croyais que ce n'était pas le moment de faire un parti nouveau. Il serait bon que vous nous indiquiez un peu plus nettement votre politique religieuse, car si vous vous contentez de dire : « Nous voulons que les citoyens catholiques soient traitésdans la République sur un pied d'égalité avec les autres », autrement dit : « Nous voulons le droit commun pour l'Eglise », vous ne faites que redire, non pas seulement ce que je dis, mais ce que M. Piou ne se lasse pas de répéter dans le programme de l'*Action libérale populaire*, à savoir : « L'Eglise demande le droit commun en France ». Je ne comprends pas pourquoi vous prenez un air mystérieux en ajoutant : « Nous disons peut-être la même chose, mais vous, quand vous le dites, vous risquez de vouloir dire autre chose ». (*Rires.*)

Je demanderais quelques explications, car je crois que c'est là un point très délicat; le camarade ne pourra pas nier que c'est bien plutôt une question de tempérament et de tendances qui nous sépare, qu'une question d'affirmation dans le programme.

Quelle est votre formule? Nous voulons que l'Eglise soit libre dans l'Etat, et que les catholiques n'aient aucun privilège dans l'Etat...

M. PATUROT-MOSER. — Vous m'avez dit

tout à l'heure que je m'expliquerai après. C'est ce que je compte faire.

MARC SANGNIER. — Le camarade demande à s'expliquer...

M. PATUROT-MOSER. — Pardon, c'est vous qui me l'avez demandé.

MARC SANGNIER. — Le camarade demande, pour répondre à mon aimable invitation — c'est bien cela, n'est-ce pas? (*Rires*) à s'expliquer dans un instant. En attendant, je crois pouvoir faire remarquer que, si les termes sont les mêmes, ce qui nous distingue, c'est le tempérament, c'est la façon d'apprécier les choses. Les formules générales sont les mêmes, mais, si vous me permettez d'employer ici une expression tirée des mathématiques, les applications diffèrent.

S'agit-il, par exemple, des manuels scolaires? Voilà un point précis, et je suis convaincu que je ne serai pas d'accord avec le camarade sur ce point. Je dis : « Nous ne pouvons pas, étant donné que l'école est neutre, imaginer comment on pourrait imposer aux maîtres d'enseigner l'idée religieuse dans l'école laïque neutre, mais nous voyons très bien comment, le jour où les évêques de France diront que tel ou tel livre blesse les idées religieuses des catholiques qui font partie des écoles primaires, on s'arrangera pour que ces livres ne paraissent plus. Voilà ce que j'appelle respecter la conscience des enfants catholiques des écoles ».

Remarquez que vous feriez exactement la même chose si, par exemple, dans le quartier du Temple, où il y a beaucoup de petits enfants juifs, on voulait apporter des livres que le grand rabbin jugerait blessants pour la conscience des Juifs. Au Maroc, en Algérie, en Tunisie, on fait des efforts inouïs pour éviter de blesser la conscience des musulmans (*Applaudissements*). C'est étonnant, chaque fois que le Président ou un ministre viennent dire : « N'oublions pas que la France est une grande puissance musulmane », on trouve cela très bien (*rires*); mais ne serait-il pas bien que quelquefois M. Fallières dise dans la Métropole : « N'oublions pas que la France est une grande puissance catholique » et que l'on nous traite, nous, catholiques de la France continentale, avec les mêmes égards que les musulmans de la France coloniale ? (*Vifs applaudissements.*)

Cela, probablement, le camarade ne le voudrait pas, c'est-à-dire que, sous des formules identiques d'aspect, il se cache des tempéraments très différents, et voilà pourquoi le parti nouveau n'est pas encore possible. Mais j'ai, moi, l'intime conviction que le tempérament de la *Ligue de la Jeune-République* correspond mieux à la volonté et aux aspirations de la France que le tempérament des groupements républicains officiels, ou des autres groupements de jeunes républicains qui n'ont peut-être pas eu encore le désir ou la volonté de se séparer aussi nettement et aussi radicalement que nous du parti républicain officiel.

Sur la question des manuels scolaires, M. Paturot-Moser déclare que « s'il est une chose qui blesse les catholiques et que cette chose historiquement soit vraie il est nécessaire de la maintenir. »

MARC SANGNIER. — Camarades, c'est tout à fait sans ironie, je vous prie de le croire, que j'ai dit au contradicteur qu'il abordait un point très intéressant. Il va se rendre compte que je ne mettais aucune ironie en disant cela, à voir le soin avec lequel je vais discuter jusque dans les détails ses affirmations. (*Applaudissements*).

Je crois que vous avez senti qu'à propos de ces manuels scolaires, nous touchons à une question vraiment très délicate et, encore une fois, je le répète, j'ai été heureux que le contradicteur ait apporté des précisions.

J'ai pris par écrit deux de vos phrases...

M. PATUROT-MOSER. — Il faut faire attention, c'est de l'improvisation.

MARC SANGNIER. — Voulez-vous ajouter quelque chose?

M. PATUROT-MOSER. — Non, non.

MARC SANGNIER. — Le camarade, avant même que je n'aborde la question, à l'air de dire que je n'ai pas bien compris.

M. PATUROT-MOSER. — Je veux dire simplement que, puisque c'est de l'improvisation, il ne faut pas prendre les choses à la lettre, mais dans leur esprit.

MARC SANGNIER.—« Si, dit le camarade, ce qui est dans le manuel est historiquement vrai, il faut le laisser, il ne faut pas tenir compte de ce que disent les cléricaux .»

Autre phrase que j'ai prise : « Si la vérité historique est là pour affirmer un fait on doit la respecter. »

M. PATUROT-MOSER. — Nous sommes d'accord.

MARC SANGNIER. — Ce n'est pas étonnant, je ne fais que répéter ce que vous venez de dire (*Rires*).

Il est évident que là où se trouve la vé-vérité historique, nous avons le devoir de nous incliner. Je rappellerai cette si belle parole : « Dieu n'a pas besoin de nos men-

songes. » Il est évident que ce serait prê-
ter au catholiques, comme aux libres-penseurs, comme à qui que ce soit, un sentiment honteux que de dire qu'ils veulent
étouffer la vérité sous les mensonges.
Celui qui, par exemple, sachant qu'Etienne
Dolet était un homme par certains côtés
peu respectable, le présenterait comme un
saint, parce que cela peut servir la cause
de la Libre-Pensée, je dirais que celui-là
est un malhonnête homme. De même, celui
qui dirait que certains papes de la famille
des Borgia avaient une conduite exemplai-
re et qu'on peut donner à lire aux petites
filles l'histoire de leur vie, s'il disait cela
sachant exactement le contraire, mais parce que cela serait utile à je ne sais quel
dessein d'apologétique, je dis qu'il agirait
en malhonnête homme. Nous sommes d'accord?

M. Paturot-Moser. — Oui.

Marc Sangnier. — La vérité historique
est là, mais qui en décidera? Quel sera,
pour employer l'expression de Montaigne,
l'instrument judicatoire? Est-ce la Chambre des Députés, est-ce le Sénat, est-ce
l'Etat qui va décider que la vérité historique est là et qu'elle n'est pas ailleurs?
(*Rires, applaudissements.*)

Dans la salle. — C'est le contradicteur
qui décidera. (*Rires*)

Marc Sangnier. — Est-ce une commission d'historiens? Cette commission se composera d'historiens qui auront probablement des idées opposées sur tel ou tel fait, car ces questions sont controversées. On trouvera des historiens catholiques pour affirmer que telle phrase est fausse tandis que de non moins illustres historiens libre-penseurs diront que la phrase est vraie. Comment pèserons-nous les suffrages ? Allons-nous dire : « Nous prendrons dix historiens, 5 catholiques, 5 libres-penseurs; on prendra 3 académiciens dans chaque clan, on donnera trois voix aux membres de l'Académie française, deux voix aux membres de l'Institut »? Comment voulez-vous faire quelque chose?

Je crois que nous ne pouvons ainsi aboutir à rien et mon idée est la suivante : c'est que l'Etat, en pareille matière, ne peut tenir compte que des faits, il ne peut pas dire : « La vérité historique est là ».

Votre erreur, à vous, républicains laïques, dogmatiques, c'est de ne vouloir détruire une religion que pour en bâtir une autre, et tandis que la vieille religion avait la longue expérience des siècles, avait les miracles qu'elle traîne après elle et les saints qu'elle promène au-dessus d'elle (*vifs applaudissements*), vous, vous n'avez que la fatuité de quelques docteurs et l'outrecuidance de quelques ministres raisonneurs. (*Applaudissements*).

Qu'est-ce que je demande? Qu'on tienne compte des faits. Il y a une Eglise catholique. Y a-t-il un gouvernement qui se respecte, un seul homme même qui ne veuille pas reconnaître qu'il existe une Eglise catholique? Il y a en France des hommes qui sont les fidèles de cette Eglise catholique. Vous considérez que cette Eglise est organisée en dépit du bon sens, c'est entendu; les catholiques considèrent que c'est Dieu lui-même qui l'a arrangée. Voilà un fait indiscutable. S'il se trouve que l'organe légitime religieux de l'Eglise catholique, que le pape et les évêques disent que quelque chose est contraire à la foi — vous deviendrez peut-être curé, évêque ou pape et vous changerez tout cela (*rires*), dépêchez-vous, car il faut aller vite. (*rires*), — c'est un fait, la conscience des catholiques se trouvera dirigée par les évêques, et, dans certains cas, liée dogmatiquement par les décisions infaillibles du pape, qui sont beaucoup plus rares que vous ne croyez mais qui existent cependant. Il faut que vous teniez compte de cela.

Que dis-je? Je prétends que le gouvernement doit essayer d'éviter les conflits, au lieu de les aviver. Je prends toujours un exemple très grossier, très familier, mais qui fait mieux comprendre ma pensée.

Supposez que dans un bateau il y ait des protestants, des catholiques, des juifs. Un vendredi arrive. Les catholiques vont dire au cuisinier : « Tâchez de nous faire un repas maigre ». Le cuisinier, si vraiment on veut respecter la liberté religieuse, doit dire : « On vous fera du maigre, on s'arrangera ». Un juif ne veut pas manger du porc : « Bien, lui dit le cuisinier, vous mangerez du bœuf ». Voilà de la neutralité. Mais ce n'est pas de la neutralité que de dire : « On mangera forcément du porc, on mangera forcément gras le vendredi ». Pourquoi? Parce que seulement les libres-penseurs, c'est-à-dire ceux qui croient qu'il ne peut pas y avoir de devoir sur ce terrain, seront satisfaits. C'est donc leur donner une priorité sur tous les autres, c'est donc briser la neutralité au profit de ceux qui n'ont pas de croyances. (*Applaudissements.*)

En Amérique, ce que je vous dis paraîtrait très simple. Si nous étions aux Etats-Unis, les gens diraient : « Qu'est-ce que cet orateur-là? il est un peu naïf (*rires*): il nous raconte des boniments; ce sont des choses entendues entre braves gens ». Mais en France, quand je dis cela, il paraît que je conspire contre la « majorité républicaine ». *Applaudissements.*)

Et s'il y a des arrondissementiers dans
cette salle, ils ne manqueront pas de dire
que je suis peut-être républicain, mais
que certainement, je dois être républicain
proportionnaliste. (*Hilarité.*)

. . . .

Je retiens de cette discussion intéressante — j'espère que maintenant, vous
comprenez que je n'étais pas ironique tout
à l'heure en disant que la discussion était
intéressante, — qu'il y a là un tempérament différent.

Pour moi, nous n'arriverons à rien tan
que nous n'aurons pas d'égards les uns
pour les autres. C'est difficile, parce qu'il
y a de la mauvaise volonté du côté des libres penseurs et aussi du côté de certains
catholiques. Notre rôle, à nous, c'est de
préparer une réconciliation nationale entre tous les bons Français. Seulement je
supplie ceux qui pensent comme nous,
dans les milieux non catholiques, dans les
milieux libres-penseurs, les camarades
qui eux aussi rêvent de faire un parti
nouveau et qui se font excommunier comme de vulgaires républicains catholiques
par certains purs d'une jeune-républiqu
amie de M. Combes et des radicaux au
pouvoir, je leur demande d'avoir le cou-

rage de crier hautement qu'ils brisent avec tous ces gens-là. Nous aurons ainsi, de part et d'autres, des commencements qui pourront un jour se réunir, d'un grand parti de réconciliation nationale. (*Applaudissements*).

En attendant, drapeau déployé, sans équivoques, sans arrière-pensée, travaillons, faisons la *Ligue de la Jeune-République* très puissante et très forte, et ainsi nous aurons servi non seulement les intérêts de la Ligue, mais les intérêts de la grande République elle-même, les intérêts de la France tout entière. (*App'audissements prolongés.*)

L'ordre du jour suivant est adopté.

Les citoyens réunis le dimanche 30 juin au Manège Saint-Paul, après avoir entendu le discours de Marc Sangnier, acclament le programme et l'esprit de la Ligue de la Jeune République.

(Sténographié par Mme Grandjean, sténographie *Commercia*, Bourse de Commerce, Paris).

Imp. de *La Démocratie*, 32-34 bd. Raspail. Paris. 7e